AF599723

Inmortales a intervalos

Este libro ha sido impreso con papel 100% reciclado.

lasturaediciones.com / info@lasturaediciones.com

Colección Alcalima, n.º 237
Dirige la colección: Isabel Miguel

Editado en Madrid, España.

Primera edición: mayo, 2024

Depósito Legal: M-11696-2024
ISBN: 978-84-128660-5-6

Impreso en Antequera, Málaga (España)

José Luis Torrego

INMORTALES A INTERVALOS

Colección Alcalima de Poesía N.º 237

FEMME FATALE AÚN EN PRÁCTICAS

¿Que si me gustaría ser una *femme fatale*?
Sí, es cierto. Demasiado –como dices tú–
cine en blanco y negro.

Me gustaría. Y partir
-te en dos con un giro
de cuello hacia la puerta
en mi salida;
enseñarte a silbar, justo antes
de acabar la escena, y decirte
si me necesitas, ya lo sabes –juntas los labios–,
sólo silba.

Y contarte, con un bourbon en la mano,
que en mi vida ya no hay más
que un hombre en quien confío:
Jack Daniels.
Y sólo si no habla de amor.

Luego bailas, desnudando
-te los brazos y los dedos
de ese guante negro interminable.
Y tiembla San Francisco, arde New York, hiela en
[Chicago
porque confiesas al público ferviente:
"No se me dan bien las cremalleras".

Tú, mientras, sigues cantándome al oído:
"Ámame, mata al viejo, ámame
y *Put the blame on Mame, boy,*
que ya no importa".

Te habría gustado, sí,
embutirte el vestido como un arma,
una armada en invasión o una bomba
en el Enola Gay que tuviera
tu nombre escrito en escarlata.

Y –¿cómo no?– mirar como Ava Gardner
en Mogambo, reír como reía
el animal más bello de África, o ser Verónica
con su mechón platino *peekaboo*, o quizás Marlene,
Das blaue Engel buscando flores
–*Sag mir, wo die Blumen sind*–
en la Segunda República Española.

Y tendrías que dejarme, porque yo,
aprendiz de escritor –como tú de cantante–
sin un centavo en los bolsillos,
sin minas en Brasil como Silva Pereira,
no soy quien te conviene.
Y, sin embargo,
femme fatale
aún en prácticas,
sé que rogaste por que cambiasen el final,
ese del taxi al aeropuerto

y que salvasen nuestro amor como al gatito
que había en el callejón, del aguacero.

Y te disculparías
“Nadie es perfecto” al besar al chelista en una lancha:
La *femme fatale* era ficción
de adolescente en blanco y negro.

Y hacer daño a un hombre
–aclaras toda ingenua,
                    haces la pausa–
…eso, nunca lo pretendí.

¿Me llevas contigo?

Inmortal es el inicio en su inocencia.

No se sabe mortal
quien nunca ha muerto.

¿ME LLEVAS CONTIGO? VOL DE NUIT

Él le manda una foto de una pizza,
cerveza con limón, palacio al fondo
iluminado de lila las cornisas.

Ella, desde su cama le escribe:
        ¿Me llevas contigo?
Él envía interrogaciones.
Dobles, puras.
        Que si me llevas contigo.
Él, foto en inicio del poema
sobre el cuaderno
de notas en que escribe.
        ¿Ves?
          Me tienes que llevar, repite
con voz de pétalo o de principito.

"Ya, y te comes mi pizza".
        Ya he cenado –le dice firme
y tan suave–.

          Pensaba en otra cosa.

ACECHAN

Los poemas acechan en sitios insospechados,
como la mesa 7 de un restaurante italiano llamado
[*Pule*
un junio día 19 justo detrás de un recital, sin nadie
que se quedara conmigo para la cena.

O quizá porque ese "nadie que se quedara a la cena"
[fueras tú
decidí irme
a una noche de otro verano en compañía.

Cenar con una Margarita y una Clara
de limón y cenar solo
con la libreta a la diestra, mi Dupont reciente
y la mágica técnica del móvil
que establece conexión con musas a distancia.

Recuerdo tu voz lila cual ribete
en los perfiles y cornisas de fachada
palaciega que había justo enfrente mío.

Recuerdo caer rendido ante el instante
y una foto táctil y nocturna
ahora perdida.

Y recuerdo tu frase
como el origen
como el *Hágase* del principio de los tiempos.

¿Me llevas contigo?, escribiste.

Y vi el poema,
criatura agazapada debajo de otra mesa
entre las patas medio a oscuras de las sillas.

¿Me llevas contigo?

Lo sabía allí. No miré apenas.
Nunca hay que acercarse brusco a esa criatura,
nunca espantar al poema aún atisbo.

Esperé. Seguí atendiendo
a mi cuaderno, al otro libro, a la cerveza;
y se fue acercando.

Que si me llevas contigo, dijo.
No había ya duda
que los astros conspiraban triangulares, conjuraban
Júpiter con Venus y la Luna. Otro paso
hacia mí de la criatura, de la noche hacia la letra
como musgo junto al río en esa hoja
o un vuelo en parsimonia hasta ser visto.

¿Ves?
Me tienes que llevar contigo.
Ya siento el cuerpo
de la criatura que se pega a mis zapatos.
Alargo la mano, le acaricio el lomo.

Ya está. *Ça y est, apprivoisé le poème.*
Entonces dices:
Ya he cenado.
Pensaba en otra cosa.

Y lo cierras.

SOÑÉ CONTIGO EN LA PLACE VENDÔME

Soñé contigo en la Place Vendôme.

Yo estaba allí, supongo, por algún motivo
y tú, no sé el porqué, era París
quien nos juntaba.

Servían café y coñac en la terraza
a un hombre solo en quietud de ceremonia.
Ya lo dijo Duras, el despertar
de los alcohólicos ha de ser siempre solitario.

Tan temprano era que la luz del alba en esta plaza
apenas si tenía color, tan clara y tenue, tan pura.
En la terraza había alguna pareja;
la de la izquierda, con tostada y confituras,
con un *café au lait* y un *noisette*, éramos nosotros.

Te hablaba de casarnos, del brillante
futuro
                    sobre un anillo blanco de compromiso.
Tú sonreías
y me besabas en francés con escapismo: *Aún*
no han abierto las joyerías.

–¿Qué quieres de mí –me dijo–,
el corazón?

¿o el anular?

–El índice –respondí–,
con todos tus capítulos.

DESDE MI HABITACIÓN SE VE PARÍS

Desde mi habitación se ve París, me dijo un día;
no lo dudé. Especialmente cuando la noche
cae en mi cama como un cuerpo
abatido por las balas del deseo y horada y busca
un pecho, un hálito, árnica en Venus,
un adherir de piel a piel que sane,
un amoldar su sangre y sed
al cuenco de la sangre, lo más hondo.

Se ve París si abro ventanas
y el aire a oscuras tan nocturno
infunde vida al asfixiado
sueño de una niña que mira a la Sorbona
mientras sirve mesas precoces a turistas.

Tú un día lo verás –me dice,
croissant en boca–, *tras tantos dulces*
o amargos, tantos sabores hembra
que habitan todos
por mis suaves colinas de Montmartre.

Un día lo verás. Son mis piernas
Les Champs Élysées sin horizonte
que las limite; mis piernas,
paséalas, salta,
gira exultante
o arrastra los pies entre las hojas de Boulogne.

Escucha, quiero
que te hagas una foto en cada poro
de mi piel cuando se enciendan
las farolas de los puentes. Ya lo sabes,

no te olvides cuando traces
las escalas de tus viajes este agosto:
desde mi habitación se ve París.

Ah, y también hay una Tour Eiffel
enmarcada en blanco y negro en un estante.

MUJER MARLOWE

Eres mujer
en blanco y negro que reta a Philip Marlowe
con su escote final tallado en humo,
y alargando la mano
me tatúa
en el rostro la caricia de una apuesta.

Mi lengua se interna en tu boca
como un navío por fin
recala en puerto seguro.

Carne visible de la luz primera

Fire which Prometheus filch'd for us from Heaven.
Lord Byron

CRUDA REAL EDAD

Comienza mi cumpleaños
y suena Júpiter
servido por un Ganimedes de Salzburgo
en alta fidelidad;

y espero a Venus,
carnal, recién salida,
de una piscina municipal.

Te dejo el deseo, Cernuda,
hoy devoro
                    cruda la realidad.

ELLA SAHARIENNE

Llevaba una *Saharienne*
salida de un desfile Saint Laurent
los labios rojos que nunca suele
stilettos sutiles
de vértigo sin fondo
y atracción pura
uniformemente acelerada
nueve metros por segundo

y en un picado repentino
demente y vertical a los infiernos
          ella

          abrió la puerta.

LATE LA VIDA

Se detiene el reloj. Late la vida

que hibernaba en su letargo temerosa
entre los dientes acerados de las ruedas.

En dulces compases perentorios

retorna abril
a nuestra alcoba

y todo se presta, detenido, a nuestro goce.

Ya todo es roce en la lumbre que nos viste.
La luz amaina. Late la vida.

Tu cadera marca el ritmo
pendular de las edades

en la boca ajigolada,
al diapasón de la existencia.

Se detiene el reloj. Late la vida.

El tiempo volaba ciego
como las horas contigo.

La fe, que nunca piensa
en refrendarse con razones,
nos ha salvado.

Era imposible, pero tú,
indómita inocencia enamorada,
farera *luminente* y laberinto
de algún modo conocías
con saberes de otras vidas precedentes,
con empeños y certezas no adquiridos,
que era yo. Y a mí,
ignorante itinerante,
me has convencido, me has contagiado,
llenado la vida de esperarte
en complejos deambulares de arco iris
y tormentas sin refugio –que las hubo.

Mira mi nombre, dijiste,
yo te guiaré, seré el hilo
que te lleve a mi cuerpo tras la Eleusis.

Y aquí estoy,
viviendo en tus convicciones
tan perdido
en un país de abúlicos e insomnes,
que sólo cuando llegues
y recoja tu maleta, terminal
cuatro de Barajas, habré existido.

DESPEJANDO INCÓGNITAS

Desayunaremos desnudos
tostadas con mermelada de frambuesa
o de arándanos, nunca sé bien
qué bayas recojo cada noche de tu pecho.

Y hasta ahí,
que no hay más planes a largo plazo
cuando equis por y tiende a infinito.

UÑAS EN MI ESPALDA

Estás omnipresente por mis calles
como estatuas de Burgiba por Tunicia
o retratos de Atatürk por Estambul,

como restos de vasos
y botellas de ginebra
en un parque donde hubo botellón.
Diseminada

estás por mis praderas
como flores expandidas detonadas
de un invierno desangrado en margaritas.

Irrumpes permanente por mis sendas
como río en su murmullo peregrino,
como canto de jilguero por septiembre,
como el vino en patronales de Castilla.

Tan presente, amor, como las huellas
dactilares de tus uñas por mi espalda
en los días ondulados que se alejan
tras el Big Bang de la noche de los cuerpos.

ELLA ME DIJO

Te quiero.
No alcanzo a ver por qué, no obstante
el desorden permanente de tus rizos,
de tu casa, de tus libros –como ideas
en la mente desbordada de Edgar Allan–
invadiendo estanterías y paciencia.

A pesar de tu falta de sentido
práctico en las cosas de la vida;
tu poesía, tus cometas de colores en las nubes,
tus castillos medievales en la arena
que se funde con mi piel a cada ola.

Tu indomable
defender sin concesiones
las ideas cual doncellas en apuros.

Yo quisiera
más dócil el mesteño ante mis riendas,
más abrazo el desborde de tu ímpetu.
O bien, si final,
                    más constante
tu inconstancia reincidente en el olvido.

Mas sucede que me rozan
por el cuello ladeado tus tormentas
de caricias de certezas y de aliento.

Nuestra sangre, entonces, se hace fuerte;
se congrega, se subleva en alzamiento
y derroca al cerebro absolutista.

PRENSIL TU AMOR

Prensil tu amor en lo profundo
de la noche que amarras a mi pecho

Antes
migraciones en vuelos milenarios
de pupilas evadidas a tu cuerpo
en vano planear

Prensil tu amor en lo profundo
de la noche que amarras a mi pecho.

Luego
anidan su aleteo itinerante
hallan orden por fin en tus abscisas
son sosiego saciado entre tus sienes

Prensil tu amor en lo profundo
de la noche que amarras a mi pecho.

Dame
el simple ser
de tu intrincado beso.

LIMES

I

Llegas al limes, lames
las fronteras a tu paso, al lluvioso
minucioso, sosegado
desliz acerado de tu lengua,
                              al sitio
circular y cabalgado
de tus labios, al desnudo
blandir de filos en hilera,
a la carga
de brigada ligera contra el alto
asiento de las baterías en las lomas.

A tu paso
todo cede
como cede el deseo ante el avance
del Bóreas entre las yeguas,
semillando de temblores
ese fértil, ese claro
mundo tuyo sin fronteras.

II

Tú, perenne post-meridiam,
me verterás mil soles,

siempre de carro en su descenso.
Ardiente permanente con las llamas
de la eclosión final de cielo y tierra.
Sin fronteras
ya entre ambos, con tu lengua
lames los limes incendiados
y atardecen los confines derretidos.

¿Es mi dedo o es tu espalda?
¿Aún mi yema o ya tu aura?
¿Gimo yo o es tu aire
el que inhalo, la saliva
tuya la que ahora
deja un rastro por tu piel
desde mi boca? Confundidos
los dos
fundidos, ya sin fundas
recíprocas que confinen
el volumen ahormado de los bríos,
el deseo a ojos cerrados de los cuerpos.
Como un beso en abandono adolescente
de labios entreabiertos y cerrados
párpados que se elevan lentamente.

Y ya no hay limes,
lames
los contornos desteñidos de los cielos.

Tras la noche de poesía,
llega el día con su prosa

TENÍAS RAZÓN

En *Don Fruta*, el kilo de naranjas sigue estando a 1,50,
Isabel Modas aún vende tallas grandes
aunque está de liquidación, pues se jubila.
Más adelante, siguen ofreciendo
el bote de la primitiva por cuarto mes consecutivo y al doblar
la esquina con la Calle Huelva, los churros con café de ese bar cutre
siguen con su oferta especial de 1,90.

El mundo, tenías razón, no se derrumba;
trata de ser feliz,
yo sigo vivo.

MADRID INCIERTO

Tú te fuiste y Madrid
es un largo letargo sin memoria

vagan fantasmas de estatuas derribadas
por calles desposeídas de sus nombres

a veces cae al suelo
un beso adolescente

y asoma bajo las losas
de tu ausencia alguna flor

a la espera de tu vuelta

o de una helada.

Para eso sirve la ausencia, quedarse
en la duda, ser o no
carne triste, memoria varada.

Para eso sirve, para entender
las tinieblas misericordes, la cruel
impertinencia del alba.
No estás,
siento el exilio, la escombrera,
el limitado repertorio de los vientos
que no callan y no saben
más que tu nombre cuando aúllan.

TU NO SIGO DE NEUTRONES

Me fui desplazando itinerante por el día
trabajo metro comí algo llegué a casa
una sombra
que se arrastra por peldaños en arista
un mudo agotamiento derrotado
          y o   n o
                    si
                              go   detonaste la mañana
una bomba de neutrones un intacto
caserío de edificios y apariencias
y un impacto
de quietismo por las ruinas

exterminio de cuerpos adheridos
en líneas torpes y margen sin sangrado

la espera es un cruce de caminos
bajo un árbol del absurdo sin accesos
          Nothing to be done, Vladimir!
Beckett sonríe con su cara de asesino
y escribe *Endgame* cuando dices *yo no sigo*

son tablas en amor y nadie gana
en un final de rey y dama
                                        estoy ahogado.

DÍA DE YELMOS QUEBRADOS

Días en que uno rehúye salir
y se agazapa
debajo de la almohada, se atrinchera
tras la taza de café cargado
–no de futuro, precisamente– y se ancla
al cartón de la leche, o a una,
dos o tres galletas.

Enarbola su estado la bandera
del silencio sobre toda mi persona.
                                                    Inútil,
pues no hay viento que la mueva.
Facciones mudas, ojo lento
respirar vago sin abrir la boca.

Quietud tras la batalla.
Yelmos rotos.

CAMISAS POR PLANCHAR

Media docena de camisas por planchar,
Hegel aguardando que lo desmenuce
y lo haga concentrado en mapas de ideas;
el otro medio salmón
a la espera de ser sashimi, el frío
de la terraza que pide a gritos estar a solas,
algún examen por corregir
y cierto pensamiento
más ágil que mi lazo.

Así empieza el domingo,
como la calma fragmentada de un naufragio.

HASTA EL KM 34

Me dejaba.
Lo planteó directa. Un dato
neutro en la voz
e inexorable en el plazo, ya vencido.

Un dato, como el hecho
de que las retenciones se anunciaban
hasta el veintiséis trescientos
–punto kilométrico exacto–
de la A-6 en dirección Coruña.

Dócil a lo fatídico
–freno–, sigo al volante –arranco–,
divago sin su voz
entre carriles –freno–
por sus palabras, inercialmente
–luego arranco–

y veo adelante otro cartel:
la retención se amplía
–¿quién sabe si ella también? –
hasta el kilómetro treinta y cuatro.

BEN ONÍ

Cuando lloro mis ojos se vuelven verdes,

me confesó ese día tan lunes en que estaba
de lágrima fácil y de adioses
como placas de hielo que se alejan en derivas.

Y le llegaban baladas
sobre amantes que envejecen
y planean ir al mar a por sus besos.

Se vuelven verdes –repitió–,
podían quedarse así para siempre.

¿Cómo no? Pensé en llamarla Ben Oní,
la imaginé
jugando esa defensa en un tablero,
amando el riesgo –1…, c5–
del que huyen los normales en sus vidas.

Le respondí tan sólo: llora más.
Déjate:
hay que elegir
entre los ojos verdes y ser feliz.

LA LUZ Y SU CRUZ

Lo dijo roto Aragon,
lo cantó tan dulce Hardy:
Il n'y a pas d'amour hereux. No existe
el amor feliz, cada temblor
se paga con una herida. Y ya se sabe,
los pájaros heridos, nunca vuelven a volar.

Beben tequila o miran la luna.
Rosas de invernadero.
Caricias de nadie.

Lo escribió Aragon, lo alumbró tan dulce Hardy:
nada le es permitido al hombre
sino el derecho reiterado
a otro intento más fallido, aun así,
abro los brazos, llamo a la luz, aunque sé
que cuando llegue, se clavará en mi espalda

su
hermana
la sombra, la eterna

cruz.

¿Qué es el averno?
El Edén mismo
un segundo después de tu partida.

MAGDEBURG

Dos cañadas como uñas seccionaron
mi piel, mis entrañas, mi cordura.

Dos tiros
de caballos enfrentados
desmembraron mi coherencia y mis costillas.

DE EROS A ARES

Eras
–en aquel tiempo–
regalo del placer
envuelto en lo prohibido.

Eres
          ahora la fricción
envuelta en cotidiano.

Eras Eros, eres Ares.

CHURROS EN LAVAPIÉS

En el Bar Madroño Restaurante
hay lotería de Navidad del 15047
y si pasas a las 7:22 de la mañana
cuando todo está a oscuras y las calles aún esperan
que la vida les dé sentido... A las siete y veintidós minutos
y treinta y seis segundos exactamente
hay una muchacha que se inclina
estirando de puntillas sus largas piernas
para besar con un abrazo a su pareja.

Noche de jueves juntos y café con churros
en un bareto de Lavapiés la madrugada del viernes.

Esa vida les quedará
cuando cada uno se permita 180 metros algún día
en un chalet de las afueras con un trabajo respetable
de corbata, dietas y bonus de beneficios
que excedan el sueldo de un funcionario.

Ese recuerdo.
El beso que se estira hacia el cuello desde un short
cubriendo las distancias estelares de unas piernas.
O su nostalgia

todavía algún viernes de vez en cuando
pedirán un churro para el café
a su P.A. tan eficiente

y no es lo mismo.

TU GORRO ROJO

A Claire, por ser substituta aquella tarde
en un avión vacío.

Te buscaré en la imposible
multitud puntillista de una feria.
Cabellera rubia, gorro rojo.
No hay más pistas,
                    ni mapas
del tesoro que me guíen, sólo tu nota
escrita sobre papel pautado.

Antes recorrí todas las rutas
iniciáticas que marcaste en tu periplo.

Esos bares y esos puentes
mudaron mi piel para ser otro;

acudo, claro, acudo
y de vuelta a ti ya transmutado

te busco
entre la multitud puntillista de una feria

te encuentro y nunca más, Claire
–ni tú ni yo–,
seremos substitutos.

Tu recuerdo, el sol
de una mañana de invierno
sobre la piel reseca de un anciano.

No es ingrata la piel
y nunca olvida

yemas, destellos, denodadas
entregas que la habitaron, esas delicias

asomarán
                    cuando estén rotos los espejos,
treparán las escaleras sin peldaños.

Hay un rescatador dorado en el olvido
que nos susurra a veces: fuiste amado.

Siempre nos quedarán
pinceladas subterráneas y carnales
bajo el barro seco cuarteado.

EL ESPACIO LO CURA TODO

Y supongo, sí,
como tú dices, es posible
que algún día me vuelva
y al mirar atrás ya seas un diminuto
recuerdo azul,
un punto
en el inmenso espacio.

Suena fácil.
Solo tendría que ser el Voyager II
y estar a más de seis mil
millones de kilómetros
                                                                        de   distancia.

POR CAUSAS AJENAS A MI VOLUNTAD

Por causas ajenas a mí voluntad
la noche es gélida y estoy afuera.

Por causas ajenas a mi voluntad
la ola rompe su espuma en las antípodas,
el gordo vuelve a caer de nuevo en cero,
las doncellas acarician cabellos de otros hombres.

Mi nevera sólo tiene latas de cerveza
y un imán con el número de un chino.
Por causas ajenas a mi voluntad
la comida casera nunca llega hasta mi plato.

Y te miro desgastada en una foto,
en los bordes arrugados de un vacío

por causas
ajenas a mi voluntad. Y no me quejo
pues no tengo voluntad, al fin y al cabo,
más que la justa para escribir hoy esta nota
de despedida en el estado de mi facebook
y en el reverso bancario de un recibo:

> *Por causas ajenas a mi voluntad, hoy*
> *me pego un tiro.*

Pacto de Fausto

Fugaz como destello hurtado a un filo,
como el beso que a intervalos nos libera
de ser tiempo en retirada hacia la muerte.

CUERPOS ALTOS Y ABATIDOS

Ahora que contemplo solo restos
humeantes tras tu adiós y la batalla
y apesta a cada paso la derrota
y empapa en sangre las manos que te amaron.

Aún guarda el tiempo tras su espalda
la hora de esplendor sobre los campos,
perfectas filas de juventud enhiesta
y al momento la muerte barriendo cada vida.

Qué más da ahora, entre las ruinas,
quién domina el punto fuerte
o la colina, si hemos perdido ambos, nadie cuenta
ya para el amor. Nadie cuenta, es el final
y al fin, ¿qué más importa?

Paseo hecho fantasma entre el sulfúrico
caos por el combate de dos seres
enamorados, atónitos ante las balas
y sí, también fueron dos cuerpos
surcando cielos altos
y abatidos.

¡Pero cómo,
cómo y con qué inocencia
combatieron hasta verse en el espejo!

CUARTELES DE INVIERNO

Ponte en orden, calla o grita,
recupérate un tiempo en tus cuarteles de invierno.

No hay deuda con el mundo
ni conmigo de atenciones
ni plazos que tú debas
saldarme con palabras.

Recupera el aliento río arriba.
Pálpate los daños,
restaña tus heridas,
toma algo caliente y, en reposo,
parchea el metal de tu armadura.

Fuiste brava y los disparos
te buscaron más que a nadie en la batalla.

Ponte en orden, al sol o a oscuras,
tú conoces como nadie el mecanismo
ese de tu pecho que palpita
y sabes que, en el fondo,
si hubiera orden
ya no serías tú misma.

Por eso, tranquila, yo espero
al emisario que me anuncie
al fin que ya levaste

el campo y te encaminas
hacia mí, que hasta ahora estuve
convaleciente
en tus cuarteles de invierno.

TU SER LLAMA

Porque sé
en mi médula batida,
de abrazarte en el aire ya sin tregua,
que te agotarás un día
de estar siempre en la memoria

y volverás, momentánea extraviada,
a tu ser llama
y a tu estar
en mi cena y en mi ahora.

UN ALELUYA CAÍDO Y ROTO

Ya lo dijiste tú en el chasquido mismo de conocerse
[nuestras pieles.
Tanta bocanada que arde como fuego griego al
[arrojarle agua marina.
Tantos besos que me robas o me posas como brotes
[tempranos de sauce alpino.
Tanto desnudo percutir y moldearse al rojo en fieras
[fraguas mutuamente.

Un aleluya caído y roto.
Eso seremos.

Y entre las volteretas, los ascensos, el picado
[incandescente y la febril
clarividencia que sólo atisba lo que hay a un palmo,
[los orígenes
mismos del universo y de tus ojos,
color secreto recién esclarecido:

Un aleluya.

Hasta inconsciente tras el desmayo pleno,
hasta inmersa en exhausto sudor, sumergida en lo
[profundo,

ya lo sabías.

Un aleluya somos
ingrávido, inflamado, suspendido. Un aleluya
seremos
–ya lo dijiste– en nada
caído y roto.

Mientras tanto, ¿qué se le va a hacer? –guiñaste un ojo
y colgaste NO MOLESTAR en el pomo de la puerta.

EL INSTANTE MISMO

Werd ich zum Augenblicke sagen:
Verweile doch! du bist so schön!
Dann magst du mich in Fesseln schlagen,
Dann will ich gern zugrunde gehn!
Goethe

I

¿Morir, amar es eso,
una batería de jazz disolviendo en hielo y haz la noche?
Sudor de Nueva Orleans, pizzicato viril de un bajo,
tórrida mulata en *Mardi Gras*, voz negra
distinta al negro de este éter
que se alía al saxo
en las abscisas de lo ingrávido y hace estelas.

Night and Day
suena en volutas plateadas y candentes sobre el bourbon.
Irrumpe
desbordando como arroyo la trompeta
brota y luego
gota
a
gota
hasta agotarse

ahogada en la repleta bolsa cenital de la garganta,

asaeteando el corazón plácidamente
y yo quiero
pasar mi vida entera *making love to you*, entre las rosas
[y el brocal,
ser índigo sangrante
en las heridas nocturnas de este cielo
al lanzarle un arpegio azul de *Indigo Blues* con la guitarra.
Almohadillas felinas contonean
sobre mi espalda tendida hacia el delirio,
otra vez ese índigo momento
ausenta mi voluntad hasta dejarme inerte.

II

¿Por qué? Dale al tiempo la canción siguiente
y él te dará la razón exacta:
I love you.

¿Morir es eso? ¿Amar es eso?
¿Pedir el acuciante final como en el cine
porque el momento álgido ha pasado
y ya sólo cabe evadir ese descenso en inmolarse?

III

El recuerdo vuela hacia Kasparov, en Moscú,
veintitrés años,
con la corona de laurel recién nombrado

el campeón más joven de la historia. Y Rona
[Petrossian, cual pitia armenia
se le acerca: “Muchacho, te compadezco.
El día más feliz de tu vida ya ha pasado”.

IV

Sí
amar es eso: inmolarse
en el instante mismo en el que Fausto
diría “¡Detente, eres tan bello!”.

Amar es eso.
Es el deseo final de que la muerte salve
la belleza al seccionar transversalmente
ese ahora
en la corriente del tiempo que la arrastra.

Y en adelante, no vivir más
–pues amar era eso–
fuera del instante mismo en que se ha
[amado.

ÍNDICE

Esta primera edición de *Inmortales a intervalos* de José Luis Torrego terminó de imprimirse en Antequera (Málaga) el 17 de mayo de 2024, fecha en la que se conmemora el nacimiento de Henri Barbusse.